AF542219

MÉMOIRE

SUR

LES TRAVAUX ORDONNÉS

DANS LES CARRIÈRES SOUS PARIS, ET PLAINES ADJACENTES.

MÉMOIRE

SUR

LES TRAVAUX ORDONNÉS

DANS LES CARRIÈRES SOUS PARIS, ET PLAINES ADJACENTES ;

ET EXPOSÉ

DES OPÉRATIONS FAITES POUR LEUR RÉPARATION.

PAR C.-A. GUILLAUMOT, Architecte, Directeur et Inspecteur-général en chef desdits travaux, Administrateur de la Manufacture impériale des Gobelins, Membre de l'ancienne Académie d'architecture, de la Société libre des Sciences, Lettres et Arts, de l'Athénée, ci-devant Lycée des Arts, et de la Société académique des Sciences de Paris.

PARIS,

MARCHANT, IMPRIMEUR-LIBRAIRE, COLLÈGE D'HARCOURT, RUE DE LA HARPE.

AN XIII. — 1804.

MÉMOIRE

SUR

LES TRAVAUX ORDONNÉS

DANS LES CARRIÈRES SOUS PARIS, ET PLAINES ADJACENTES.

DEPUIS vingt-sept ans (1777) le Gouvernement s'occupe des moyens de faire cesser un danger très-ancien dont étoit menacé Paris et les environs; danger d'autant plus grand, qu'il étoit presque inconnu; c'est celui qu'ont laissé subsister les exploitations des carrières, dont les pierres ont servi à construire les édifices qui couvrent le sol de cette ville immense. Avant l'année 1777, les temples, les palais, les maisons d'habitation, et les voies publiques de plusieurs quartiers de Paris et des environs, étoient prêts à s'abîmer dans des gouffres immenses par leur profondeur comme par leur étendue. Des travaux considérables ont été entrepris pour consolider ces souterrains, et pour combler les vides également dangereux, résultans de l'exploitation des carrières à plâtre.

Ces opérations ont été suivies avec une grande activité depuis 1777 jusqu'en 1789. A cette époque, des besoins plus pressans ont exigé des retranchemens considérables sur les fonds destinés annuellement à ces travaux importans. Cependant, depuis ce temps, des portions de carrière, qui, alors, auroient pu être réparées à peu de frais, se sont dégradées de plus en plus, et il faut y pourvoir actuellement, ou s'attendre à voir bientôt renouveler les événemens malheureux qui ont attiré l'attention du Gouvernement, il y a plus de vingt ans.

Il n'en est pas des travaux des carrières comme des autres constructions. On peut suspendre ceux d'un temple, d'un palais, ou de tout autre édifice. Avec quelques précautions, on peut garantir de la destruction les parties commencées et non achevées de ces bâtimens; mais on ne peut apporter aucun retardement au soutien d'un édifice ou d'une voie publique, portant sur le sol fracturé d'une carrière, ni au comblement d'un vide prêt à percer à la superficie, sous peine de voir engloutir l'édifice, le chemin, les habitans, les voyageurs, les cultivateurs, etc.

La réparation de toutes les parties excavées n'est pas, il est vrai, également urgente; mais il faut une surveillance continuelle répandue sur tous les points excavés, et l'étendue en est considérable. Elle comprend, dans le ressort seul du département de la Seine, toute la partie méridionale de Paris, et les routes, plaines et communes, à plusieurs lieues de distance autour de la circonférence de cette ville. Cette surveillance ne peut s'exercer que par des agens payés, et ce seroit une dépense double, si on ne les occupoit pas en même temps à conduire les travaux nécessaires. Il a donc indispensablement fallu y destiner un fonds suffisant, pour que les frais de surveillance ne surpassent pas à la longue ceux des réparations.

EXPOSÉ

DES

OPÉRATIONS ORDONNÉES

DANS LES CARRIÈRES SOUS PARIS,

ET PLAINES ADJACENTES.

UNE antique tradition perpétuoit le souvenir de fouilles de carrières existantes sous le sol d'une partie de la ville de Paris, sans que personne en conçût la moindre inquiétude. On supposoit une exploitation à l'abri de tout danger, ou une surveillance portée de tout temps sur cet objet, de manière à prévenir les abus, ou à y remédier. Une petite portion de ces carrières étoit connue sous le nom de *caves de l'Observatoire*, et étoit parcourue par presque tous ceux que la curiosité portoit à visiter ce monument. Les conducteurs dans ces promenades souterraines, après avoir fait circuler ceux qu'ils guidoient par nombre de rues, qui toutes rentrent dans les principales, les faisoient arrêter avec complaisance dans un petit

---

Nota. Bernard de Palissy, dans son Traité des Pierres, page 68, de l'édition du citoyen Faujas, dit *qu'en 1575, il visita les carrières du faubourg Saint-Marcel, avec un médecin de ses amis, et qu'ils allèrent près d'une lieue dans ces carrières.*

renfoncement, où, sur un reste de masse de pierre, distillent quelques gouttes d'eau provenant de la fontaine qui existe dans la cour de l'Observatoire, et là, ils assuroient qu'on étoit sous la rivière, au delà du Petit-Châtelet.

Un effondrement subit et considérable, arrivé en 1774, entre le boulevard neuf et la barrière d'Enfer, jeta les premières semences d'inquiétude sur l'état où pouvoient se trouver ces anciennes carrières. Il ne fut cependant pris aucun parti à ce sujet, jusqu'en 1776. Au mois de septembre de cette année, un arrêt du conseil forma des dispositions pour la levée des plans de ces souterrains.

Les connoissances que procura le premier examen alarmèrent le Gouvernement par les dangers qu'elles annonçoient, et auxquels on ne pouvoit remédier qu'avec beaucoup de temps et de dépenses. *L'Observatoire*, le *Val-de-Grace*, le *Luxembourg*, et d'autres monumens, se trouvant annoncés comme élevés sur d'anciennes fouilles de carrières, le directeur-général des bâtimens, dans le département duquel se trouvoient ces édifices importans, crut devoir prendre connoissance par lui-même des parties accessibles. Il les visita avec le lieutenant-général de police, assistés d'une commission de membres de l'académie d'architecture, du nombre desquels étoient feu *Soufflot* et *Brébion*. Le résultat de cette visite fut de reconnoître la nécessité d'appliquer un fonds suffisant aux réparations à faire, pour prévenir des accidens sans nombre, dont la vue étoit effrayée d'avance, et de faire diriger les constructions et autres opérations par des artistes expérimentés, en nombre suffisant, pour accélérer la levée des plans de ces souterrains, et pour surveiller l'exécution des travaux. Le 4 avril 1777, un arrêt du conseil nomma le directeur-général des bâtimens et le lieutenant-général de police, commissaires, pour pourvoir à toutes les opérations qu'exigeoient ces carrières, et je fus chargé par eux, en qualité de contrôleur et inspecteur-général en chef, de diriger ces opérations, et tous les travaux nécessaires pour la recherche et les réparations des parties excavées. Le jour même de mon installation dans cette place, fut marqué par un événement effrayant; une maison, rue d'Enfer, fut en partie engloutie dans une ancienne carrière existante à 80 pieds au dessous du sol de la cour. Une *cloche* (1), que les personnes qui dirigeoient provisoirement les opérations, avoient reconnue sous cette partie de la maison, et qu'on avoit voulu percer par le haut, afin de combler le vide avec des gravois, avoit provoqué cet écroulement. Cet accident fit connoître combien il est dangereux de percer ces *cloches* par le haut, lorsqu'elles sont placées proche de quelque édifice. J'ai trouvé dans la suite, sous la rue Saint-Jacques et sous plusieurs autres quartiers, des *cloches* semblables, dont le sommet étoit à peu de distance de la superficie du pavé; j'ai pris le parti de les faire entourer par le bas d'un mur d'épaisseur convenable, et de remplir le vide à bras d'hommes avec des terres,

(1) On nomme *cloche* une excavation qui se forme naturellement dans la masse de terre qui reste depuis le vide de la carrière jusqu'à la superficie. Cette excavation est ordinairement provoquée par quelque écoulement d'eau; et on nomme *fontis* l'ouverture que forme une *cloche*, lorsqu'elle perce à la superficie.

décombres, recoupes, etc. Aucune de ces *cloches* n'a fait depuis le moindre mouvement, et lorsque, dans quelques circonstances, j'ai été forcé de les percer à la superficie, j'ai pris les précautions nécessaires pour empêcher l'effet subit de l'ouverture de ces *cloches*.

En visitant ces souterrains, je trouvai des piliers construits à différentes époques dans plusieurs endroits; mais la position de la plupart étoit déterminée plutôt relativement à l'état du ciel de la carrière, que par rapport aux constructions du sol supérieur à soutenir; en sorte que plusieurs édifices portoient sur des vides ou sur de simples remblais, tandis que des cours ou des jardins étoient soutenus par des piliers de solide construction. Je suivis pendant quelque temps la méthode que j'avois trouvée établie; mais lorsque j'eus pris une connoissance suffisante du local, et sur-tout lorsque j'eus fait former une quantité de plans, embrassant une certaine étendue de terrain, je me rendis compte à moi-même de l'objet de mon travail. Je vis que l'administration se chargeoit de pourvoir à la sûreté des rues et des chemins, ainsi qu'à celle des édifices publics, mais que les habitations particulières devoient être réparées aux frais des propriétaires. Je prévis aussi que des travaux ensevelis à une si grande profondeur, pouvoient par la suite inspirer de justes craintes sur leur solidité, et même sur leur existence, si je les masquois par des remblais, comme l'étoient la plupart de ceux faits antérieurement à l'administration dont j'étois chargé. Je sentis enfin que, quelque solides que fussent ces ouvrages, ils devoient se dégrader par le laps de temps, et que s'ils n'étoient pas d'un facile accès, le remède seroit aussi difficile que coûteux. Je crus voir que si l'on avoit négligé de surveiller ces anciennes fouilles, c'est que le moyen de les visiter étoit aussi dangereux qu'incommode; une corde passée sur une poulie, avec un bâton attaché à l'un des bouts, sur lequel il falloit s'asseoir, étoit la seule manière d'y descendre, par un puits qui présentoit, en cas de rupture de la corde, une mort d'autant plus certaine, qu'après s'être brisé par la chute contre les parois de ce puits, on finissoit par se noyer. De toutes ces réflexions est né le système que j'ai mis en pratique, et duquel je vais rendre compte.

Système des réparations.

L'inspection des plans m'avoit fait connoître que les murs des édifices sur les anciennes fouilles de carrières, portoient presque tous à faux sur le vide de ces fouilles; le seul moyen de parer aux inconvéniens qui pouvoient résulter de cette disposition, étoit de prolonger les fondations des murs, depuis le ciel de la carrière jusque sur la masse du fond de cette carrière, avec des empatemens suffisans, maçonnés solidement à mortier de chaux et sable.

Pour pouvoir en tout temps surveiller la conservation de ces constructions, il étoit nécessaire qu'elles fussent accessibles; à l'effet de quoi il a été laissé sous et en dedans de la voie publique, une galerie de largeur suffisante pour le passage des matériaux de construction, à l'extrémité de laquelle il a été élevé un autre mur. Des transversales ont été ménagées de distance à autre, pour communiquer aux deux côtés des voies publiques, et pouvoir passer de l'une à l'autre galerie. Les parties renfermées ainsi par quatre murs, sont encore soutenues par une grande quantité de *piliers à bras* (1), et le tout est ensuite bourré avec des terres et recoupes de moellons ; en sorte qu'à l'exception des galeries destinées à visiter en tout temps et à réparer les parties qui en auront besoin, tout le dessous des rues et voies publiques, se trouve hermétiquement plein, de manière que jamais il ne peut plus s'y former aucun enfoncement.

A l'égard des galeries, par-tout où le ciel de la carrière s'est trouvé bon, il sert de plafond ; mais où il étoit délité, tombé, ou trop fracturé, j'ai pris le parti de voûter et de remblayer avec des terres, depuis le dessus de la voûte jusqu'aux terres crayonneuses ou autres, qui servoient de plafond depuis la chute du ciel.

On s'est cependant écarté de la rigueur de ce système de réparation, toutes les fois que les circonstances particulières l'ont exigé. Par exemple, quand dans le percement des galeries, on a rencontré des fontis qu'il eût été dangereux de traverser, on a renoncé à la direction droite, pour tourner ces fontis, après quoi on a repris la première direction. Sous les parties des voies publiques, au bord desquelles il n'y a point de bâtimens, on s'est souvent contenté de construire les murs de soutennement des galeries, à pierres sèches, ou avec mortier de terre, sauf à obliger les propriétaires qui bâtiroient par la suite, à refaire solidement les murs dans la carrière.

---

(1) On nomme *piliers à bras*, des piliers formés de morceaux de pierre élevés à bras d'hommes, et posés à sec les uns sur les autres.

En ménageant des communications pour pouvoir en tout temps visiter les travaux faits, ma prévoyance ne fut pas inutile. On ne tarda pas à semer des bruits sur les constructions que je dirigeois. Une commission de membres de l'académie d'architecture, composée de MM. *Hazon*, *Brébion* et *Heurtier*, fut nommée au mois de février 1778, pour en faire l'examen, et voici comme ils s'expliquèrent sur le système de réparation que je soumis à leur examen :

. . . .

« Après quoi, le sieur Guillaumot nous a donné communication d'un mémoire tendant à rendre compte » des principes d'après lesquels il a opéré jusqu'à » présent, et en conséquence desquels il compte » opérer par la suite ; lequel mémoire nous avons » annexé au présent rapport, déclarant que rien ne » nous paroît pouvoir être mieux conçu que le système » adopté par le sieur Guillaumot, pour remédier à » l'état de danger imminent où se trouvent plusieurs » quartiers de Paris, par les excavations énormes et » mal dirigées qui y sont pratiquées ; qu'ainsi, il n'y » a pas de meilleur parti à prendre que de suivre » l'exécution de ce projet, et qu'il est à désirer que » le gouvernement assigne des fonds suffisans à ces » travaux, pour pouvoir les pousser avec l'activité » qu'exige l'état périlleux où se trouvent ces carrières, » et qui ne peut qu'accroître à chaque instant. »

Le 27 juillet de cette année 1778, arriva le malheureux événement de Mesnil-Montant. Un *fontis*, formé subitement dans une carrière à plâtre, engloutit sept personnes. Jusque là l'administration ne s'étoit occupée que des fouilles qui mettoient en danger les rues et les habitations de quelques quartiers de Paris ; la suite de cet événement produisit la déclaration du 5 septembre 1778, par laquelle on étendit les soins de cette administration jusqu'à une lieue au delà de la banlieue.

Ce malheur fixa l'attention du ministre des finances sur les dangers des carrières, et le détermina à augmenter les fonds destinés à ces travaux. Cherchant à justifier la confiance de ce ministre, je lui demandai comme une grace spéciale de s'en faire rendre compte par des commissaires de son choix. Il accéda à ma prière, en nommant pour cet examen MM. *Perronnet*, premier ingénieur des ponts et chaussées ; *Moreau*, architecte de la ville de Paris ; *Desmaisons*, architecte du domaine, et *de Chézy*, inspecteur-général du pavé de Paris. Ces artistes expérimentés procédèrent aux visites et à l'examen de tous les ateliers, depuis le mois de février 1780 jusqu'au mois d'août. Les rapports qu'ils en ont faits au conseil, étant propres à donner toute confiance à la solidité et au système de ces travaux, j'en donnerai souvent des extraits dans ce mémoire. Si le secret, nécessaire pour des opérations de cette importance, exigeoit qu'elles ne fussent confiées qu'à une seule personne, parce qu'une alarme, même fausse, pouvoit en un moment provoquer l'abandon de tout un quartier, il étoit également convenable que plusieurs artistes recommandables prissent, à différentes époques, connoissance de ces travaux, afin que la tranquillité et la sûreté d'un grand nombre de citoyens ne reposassent point sur la foi d'un seul homme. Il n'étoit pas moins nécessaire que les procédés géométriques, par lesquels on établissoit des points d'appui à cent pieds au dessous des édifices à soutenir, acquissent un degré de publicité qui pût y donner la plus grande confiance. C'est une certitude qu'on a obtenue par la destruction des carrières à plâtre, exploitées jusqu'alors par *cavage* (1). Les parties de la superficie de ces carrières, qui devoient s'écrouler en présence de ces quatre commissaires et d'un public immense, ont été marquées par des piquets, avant de mettre le feu aux mines qui devoient en renverser les piliers à plus de cent quarante pieds au dessous, et l'enfoncement s'est toujours opéré à plomb de ces piquets.

En publiant les procédés employés pour ces ouvrages, j'ose me flatter non seulement de calmer les inquiétudes qui ont pu naître à leur sujet, mais encore de mettre les autres départemens de la France où existent des dangers de même nature, en état de profiter d'un travail approuvé de plusieurs artistes recommandables par leurs lumières et leur expérience.

Rue et faubourg Saint-Jacques.

La levée des plans, ordonnée par l'arrêt du conseil du 15 septembre 1776, avoit donné des connoissances alarmantes sur l'état de ce quartier. De la partie de ces carrières, connue sous le nom de *caves de l'Ob-*

(1) On appelle *exploitation par cavage*, celle par laquelle, cherchant à éviter de déblayer les terres qui couvrent la masse du plâtre, on s'enfonce sous ces terres, en formant dans cette masse des rues souvent larges de trente-six à quarante pieds, et hautes de cinquante à soixante pieds. Ce genre d'exploitation qui a coûté la vie à une multitude d'ouvriers, a été défendu par la déclaration du 23 janvier 1779.

servatoire, on étoit parvenu sous la rue du faubourg Saint-Jacques, et, moyennant quelques galeries, on s'étoit porté dans la plaine au delà du boulevard neuf, jusque sous l'aqueduc d'Arcueil. Un escalier, pratiqué vraisemblablement lors de la construction du couvent du Val-de-Grace, dans l'une des cours de ce monastère, conduisoit dans une autre partie de carrières, passant sous le jardin des Capucins, sous les Feuillantines, sous les Ursulines, sous les Carmélites, en traversant la voie publique en différens endroits. Enfin, une troisième partie de carrières avoit été reconnue sous la plaine de Montrouge, entre le boulevard neuf et le hameau de Montsouris. Ces trois parties de carrières, quoique fort vastes, ne communiquoient ensemble que par de grands détours, et des *cloches* d'une élévation effrayante, ainsi que des ciels rompus dans quelques endroits, délités dans d'autres de plusieurs bancs, enfin bouleversés par le déchirement des *fontis* voisins, mettoient chacune de ces portions de carrières en danger d'être divisées par de nouvelles chutes, et d'intercepter la sortie aux ouvriers. On avoit, comme je l'ai déjà dit, élevé quelques piliers relativement à l'état des ciels; mais aucun travail réfléchi n'avoit été fait pour soutenir la voie publique et les maisons qui la bordent, ni pour rendre ces ouvrages accessibles. Ce fut donc là que je commençai à mettre en pratique le système de réparations que l'inspection des plans m'avoit suggéré, et que j'ai détaillé ci-devant.

Rues des Bourguignons et d'Enfer.

La rue des Bourguignons s'étant aussi trouvée excavée, on y a fait les mêmes travaux que sous celle de Saint-Jacques.

Celle d'Enfer qui avoit donné les premières alarmes, s'est trouvée la moins fouillée.

On a rencontré dans presque toute la longueur des galeries qu'on y a percées, la masse intacte.

Le peu de parties fouillées a été traité d'après le système général.

Le moellon provenant du percement des galeries sous toutes ces rues, a servi à la construction des piliers et des murs dans les parties fouillées ; ce qui a procuré le double avantage d'une grande économie et de la parfaite connoissance du local.

Aux extrémités des rues Saint-Jacques et d'Enfer, on a trouvé des doubles carrières, qui s'étendent sous le boulevard neuf et sous la plaine. Ce genre d'exploitation augmente considérablement le danger, en ce que les piliers que les carriers laissent dans la carrière supérieure, portent souvent sur le vide de la carrière inférieure. Le poids de ces piliers agissant avec celui de la masse des terres qui les couvrent, et étant provoqué par les infiltrations d'eau, parvient à percer le plafond de la carrière inférieure, d'où il résulte un *fontis* du double de profondeur.

Lorsque les doubles carrières se sont trouvées sous des édifices, il a fallu former des piliers en maçonnerie dans la carrière inférieure, à plomb des piliers de masse restés dans la supérieure. De simples bourrages ont suffi dans les autres parties.

Aqueduc d'Arcueil.

Les premières visites faites sous la plaine au delà du boulevard du Midi, avoient conduit dans de vastes fouilles d'anciennes carrières, où tomboit une quantité d'eau semblable à une pluie continue. Les plans firent connoître que cette eau provenoit de l'aqueduc d'Arcueil, qui passe par cette direction, et dont le dessous n'avoit pas été plus respecté que les chemins des environs.

Malgré les sages lois (1) qui défendent toutes fouilles à quinze toises de distance de chaque côté de ce monument, la masse de pierre, formant le soutien des terres sous la maçonnerie de l'aqueduc, avoit été enlevée totalement ou en partie. Les ciels restés s'étoient délités, et un *fontis* presque continu s'étoit formé sous son cours, dans une longueur de plus de cent toises. La maçonnerie avoit cédé avec les terres entraînées par la chute successive des ciels; le chenal, les murs et la voûte, dans cette longueur, étoient lézardés, hors de leur niveau et de leur aplomb. L'eau perçoit de toutes parts, pénétroit dans les cavités au dessous, accéléroit les progrès du mal, et mettoit l'aqueduc en danger de s'écrouler en entier dans ce *fontis*. Le 5 mars 1782, une longueur de douze toises y fut entraînée.

Dans les parties accessibles du dessous de ce monument, on a formé un massif sous toute l'épaisseur hors œuvre de la maçonnerie de l'aqueduc. De chaque côté on a observé, comme sous les rues Saint-Jacques

(1) Arrêt du conseil du 9 mars 1633.

et autres, une galerie dans la longueur du cours de l'aqueduc, et, selon la disposition du local, on a ménagé des galeries transversales, tant pour la facilité du service des travaux actuels, que pour celle des visites futures. Les vides au delà des galeries ont été bourrés de chaque côté, pour garantir ce monument de l'effet des *fontis* dont il est environné.

Parvenu au point de la rupture de la portion tombée dans les carrières en 1782, je reconnus les dangers auxquels on seroit exposé en voulant soutenir le surplus de l'aqueduc de la même manière que la précédente. Il falloit se résoudre, au risque continuel de la vie des ouvriers, à avancer pas à pas dans un *fontis* qui avoit tellement ébranlé la maçonnerie de l'aqueduc, qu'on ne pouvoit se dispenser de la reconstruire après coup; et, pour le faire solidement, il auroit fallu en prolonger les fondations depuis le massif du chenal jusque dans le fond des carrières, dans une profondeur de douze à treize toises. Un examen attentif du local me fit connoître qu'il seroit préférable pour la solidité, pour l'économie, pour la célérité de l'ouvrage et pour la sûreté des ouvriers, de changer la direction de l'aqueduc dans cette étendue de son cours, en profitant des piliers de masse et des ciels bien conservés qui existoient dans une direction plus allongée, et en construisant des massifs de distance à autre entre les piliers de masse trop éloignés pour le soutien des plafonds. Ce project s'est exécuté avec succès.

Un nouveau *fontis*, percé au mois de mai 1784, a entraîné une deuxième portion de l'aqueduc, et a prouvé la nécessité d'en changer la direction dans tout le cours excavé.

Pour déterminer l'opinion qu'on peut prendre des travaux qui ont été faits dans ces diverses parties de carrières, je crois convenable d'ajouter ici un extrait du rapport qu'en ont fait au conseil les commissaires que m'avoit accordés le ministre des finances, en 1779.

Extrait du rapport des commissaires, du 28 février 1780.

. . . .

« Après avoir vu et examiné les plans relatifs à cette » partie, nous sommes descendus aux carrières par » l'escalier d'ancienne construction, établi dans la pe- » tite cour du Val-de-Grace, et avons parcouru les » excavations faites dans le terrain, église et édifices » de ce couvent. . . . .

. . . .

» Il a été fait sous l'église et sous les bâtimens les » plus essentiels, des piliers de construction, qui, » étant ajoutés à ceux de masse, réservés dans l'ex- » ploitation des carrières, paroissent procurer une » solidité suffisante. Les jardins n'ayant pas été as- » surés avec les mêmes soins, plusieurs endroits pré- » sentent des *cloches*, et le danger de voir des *fontis* » se former.

» Ces carrières n'ont que sept, et jusqu'à dix pieds » de vide. La hauteur des terres au dessus, sous le

---

Nota Les commissaires n'ont pas tout pu voir dans le même détail. Il y a des endroits où le vide des excavations est de vingt à vingt-cinq pieds.

La profondeur sous le Val-de-Grace est de cinquante-un pieds, et sous l'Observatoire, de quatre-vingt-cinq pieds.

» Val-de-Grace et le faubourg Saint-Jacques, est de » cinquante pieds, souvent plus. Les piliers de masse » s'écrasant sous ce fardeau, dans les plaines, n'y for- » ment qu'un enfoncement de quelques pieds; mais » ces accidens arrivant sous les bâtimens et rues de » l'intérieur de la ville, il ne pourroit manquer de » s'ensuivre les accidens les plus funestes. Les *fontis* » sont toujours dangereux, parce qu'ils forment un » trou profond qui expose à périr tout ce qui en est » voisin. M. Guillaumot a dirigé notre attention sur » plusieurs de ces *fontis*, dont quelques uns ont formé » leur effet, d'autres sont dans leur progrès.

» Les *fontis* commencent par ce qu'on appelle *cloche*, » qui se forme par la rupture, ou l'exfoliation du ciel » de la carrière. Les espaces excavés, très-étendus, » sans piliers de masse, y sont sujets; une partie des » terres et matières au dessous, tombe et forme un » enfoncement d'abord peu considérable; ce qui en » tombe dans le vide de la carrière est écarté sou- » vent au loin par son poids et sa chute. Les mêmes » effets se succédant, l'ouverture dans le bas s'élargit, » et forme en s'approfondissant, une espèce de cône qui » s'élève insensiblement, et son sommet parvenant aux » terres légères, elles tombent de plus haut avec plus » d'abondance, elles s'écartent davantage; la *cloche* » devient d'une étendue et d'une hauteur effrayantes, » et, arrivant près de la surface, les terres sont en- » traînées avec rapidité. Leur éboulement par l'ouver- » ture qui se fait au dessus de la *cloche*, forme un pré- » cipice appelé *fontis*, dont l'ouverture s'agrandit en » raison de la hauteur des terres, et de la facilité que » les premières parties tombées ont eue de s'écarter

» dans la carrière. Les effets de ces *fontis* présentent » des dangers d'autant plus grands, qu'on ne peut les » prévenir, et les cultivateurs dans leurs champs sont » exposés aux mêmes dangers que les voyageurs sur » les chemins. Nous avons parcouru la rue Saint- » Jacques jusqu'à l'Observatoire, ayant fréquemment » sous les yeux les divers plans relatifs aux endroits » où nous nous trouvions, et nous avons remarqué » que les ouvrages ayant été portés principalement » dans cette partie, la voie publique s'y trouve as- » surée par des piliers de bonne construction, soit en » pierres, soit en moellons, maçonnés en mortier. On y » a même employé de la meulière dans quelques par- » ties où l'on n'a pas cru devoir excaver pour avoir » des matériaux.

» Ce travail a été fait avec soin, en formant une » galerie sous chaque côté de la rue, de manière à » soutenir les façades des maisons, aussi bien que la » voie publique. Les endroits où la galerie se trouve » arrêtée par la masse, sont percés à travers cette » masse, ce qui produit les matériaux nécessaires » pour faire des parties de murs et voûtes, souvent » nécessaires pour former ces galeries. Plusieurs *clo-* » *ches* ont été remplies par-dessous; lorsqu'après » avoir ramassé la terre, on les entoure d'une cons- » truction appelée *hague*, qui n'est qu'un foible mur » de petits moellons employés à sec, uniquement pour » contenir les terres, on ramasse ensuite des recou- » pes, et on en remplit le vide du cône jusqu'au » sommet. Les ciels des carrières trop étendus ou » fracturés, sont soutenus par des piliers de maçon- » nerie, ou par d'autres qu'on appelle *piliers à bras*,

» parce qu'ils sont composés de morceaux de pierres ;
» élevés à force d'homme, posées à sec les unes sur
» les autres. Les galeries pratiquées à travers les remblais sont bordées de *hagues*, et des terres sont bourrées derrière.

» On rencontre assez fréquemment des doubles carrières dans cette partie. Cette manière d'exploiter les carrières a donné lieu aux plus grands inconvéniens, en ce que la profondeur de l'excavation est de beaucoup augmentée, et que l'ignorance des carriers ne leur a pas laissé appercevoir qu'ils forment souvent des vides dans la seconde, sous les piliers de la première.

» Nous avons suivi ces carrières, jusqu'à la jonction du rempart au chemin d'Orléans ; l'aqueduc des eaux d'Arcueil, dont plusieurs *fontis* ont occasionné la rupture et l'affaissement, passe en cet endroit. La nécessité de pourvoir à la conservation de cet important ouvrage, a exigé qu'il fût fait plusieurs grands piliers de construction solide, et nous pensons qu'on doit les continuer avec activité. Il y a aussi des doubles carrières en cette partie, et les exploitations s'étendent à des distances considérables sous l'aqueduc et la plaine de Montrouge, Gentilly et autres, qu'on pourroit parcourir, si ce n'étoient les *cloches*, les *fontis* et les affaissemens des piliers de masse.

Rues Mouffetard et du Banquier, chemins de Fontainebleau et de Choisy.

Presque toutes les maisons de la rue Mouffetard, ayant communication aux anciennes fouilles de carrières de ce quartier, par des escaliers pratiqués dans les caves, il a été facile d'en prendre connoissance, et d'en lever les plans. L'examen a fait connoître des vides considérables sous la rue du Banquier, sous celle des Fossés Saint-Marcel, sous le boulevard de l'Hôpital, et sous les chemins de Fontainebleau et de Choisy. L'exploitation étant de 12 à 15 pieds de hauteur dans plusieurs parties, il a fallu ériger quelques piliers provisionnels, pour soutenir les ciels qui menaçoient d'une chute prochaine, et qui auroit intercepté les communications; ensuite on a opéré comme sous la rue Saint-Jacques.

Le compte que les commissaires ont rendu de cette partie de carrière, fera connoître combien il étoit important de ne pas se contenter de traiter les endroits connus, et qu'il a été utile, même nécessaire, de rechercher les endroits qui ne l'étoient pas, afin de ne pas laisser subsister des dangers cachés à côté des réparations les plus solides.

Extrait du rapport des commissaires, du 28 février 1780.

« Nous avons été conduits sous la barrière des Go-
» belins, où nous avons remarqué différens piliers de
» solide construction élevés sous la voie publique, qui
» dans cette partie, est excavée sur une hauteur de 9

» à 12 pieds; de là, continuant à nous porter hors de
» Paris, nous sommes parvenus sous la demi-lune, à
» la jonction des chemins de Fontainebleau, de Choisy
» et du boulevard neuf.

» Nous avons reconnu, dans cette étendue de car-
» rières, plusieurs *cloches* considérables, les unes
» sous le pavé, les autres sous les accotemens, les-
» quelles venant à s'ouvrir, engloutiroient tout ce qui
» se trouveroit aux environs. Nous avons trouvé, dans
» toute cette partie, les ouvrages disposés pour être
» dirigés de la même manière que dans le quartier
» Saint-Jacques, par des galeries aux extrémités de
» la largeur de la voie publique. M. Guillaumot nous
» a fait remarquer une masse de pierres qui, cotoyant
» la galerie que nous suivions, dans une assez grande
» longueur, sembloit pouvoir tranquilliser sur la soli-
» dité de ce qui pouvoit se trouver au derrière de
» cette masse; cependant M. Guillaumot, ayant crn
» devoir s'assurer de son épaisseur, elle s'est trouvée
» être très-peu considérable, et ce percement a donné
» à connoître des excavations considérables et dan-
» gereuses, qui s'étendent sous toute la demi-lune,
» et vraisemblablement sous le corps-de-garde, à
» l'angle de la route de Fontainebleau et du rempart,
» dont la maçonnerie des murs est lézardée en plu-
» sieurs parties. L'importance de toutes les voies pu-
» bliques, qui se réunissent dans ce point, rend in-
» dispensable la continuité des recherches commen-
» cées, et les constructions analogues. »

Marché aux Chevaux.

On a aussi trouvé des excavations considérables sous le marché aux chevaux, et principalement sous la partie dite l'*Essai*. Des *fontis*, percés à jour, en ont donné la première connoissance. On sent de quelle importance il étoit d'assurer un sol sur lequel se rassemblent fréquemmeut une multitude de personnes et de chevaux. Les travaux, pour le rendre solide, ont été faits d'après le même système que les précédens, et des galeries ont été percées dans les masses, pour acquérir la connoissance exacte de toutes les parties excavées.

Rue de Seine Saint-Victor, et Jardin des Plantes.

Si quelque chose pouvoit faire croire à l'existence d'anciennes fouilles de carrières dans la rue Saint-Jacques, jusqu'au bord de la Seine, vers l'emplacement sur lequel existoit le Petit-Châtelet, c'est d'en avoir trouvé sous une grande partie de la rue de Seine Saint-Victor, qui se termine aussi au bord de la rivière (1). Un *fontis*, formé en 1778, dans le jardin de l'ancien hôtel de Magny, où a été élevé depuis l'amphithéâtre du jardin des Plantes, a fait connoître que presque toute cette rue étoit excavée, et que non seulement la voie publique, mais encore la ci-devant

(1) Feu Caylus dit, dans son Recueil d'antiquités, tom. 2, pag. 374, que les souterrains de l'ancien palais des Thermes, dont on voit encore des vestiges, rue de la Harpe, ne sont autre chose que d'anciennes carrières qui communiquent entre elles jusqu'au Petit-Châtelet.

église des Nouveaux-Convertis, étoient en grand danger. De là ces fouilles passoient sous le jardin des Plantes, sous le bâtiment occupé par le célèbre Buffon, sous une partie du cabinet d'histoire naturelle, et sous une partie des bâtimens de l'hôpital de la Pitié.

Les travaux ont été dirigés sous la voie publique d'après le système général employé sous la rue Saint-Jacques et autres, et la ci-devant église des Nouveaux-Convertis a été soutenue en prolongeant les fondations dans le vide de la carrière. Le même travail a été fait sous les cabinets d'histoire naturelle, et des galeries ont été observées au pourtour, pour pouvoir en tout temps en faire la visite.

Chemin de Vaugirard.

Un enfoncement formé, au mois de juillet 1777, dans la cave d'une auberge, à l'entrée de Vaugirard, où pend pour enseigne : *La Lune éclatante*, a fait connoître que le grand chemin étoit excavé, depuis ce village jusqu'à Paris. On a traité cette partie de la même manière que la rue Saint-Jacques, et voici le compte qu'en ont rendu les commissaires.

Extrait du rapport des commissaires, du 9 mars 1780.

. . . .

« L'exploitation sous ce chemin a été portée à une » étendue, dont les limites ne sont pas faciles à con- » noître. La sûreté du chemin étant l'objet principal » des fonds et des dépenses du Gouvernement, M. Guil- » laumot a fait former sous les deux rives, comme

» dans la rue Saint-Jacques, des galeries avec quel-
» ques communications d'un côté à l'autre.

» Les *cloches* ou *fontis* survenus sur la largeur du
» chemin, ou près de ses rives, démontrent la néces-
» sité des ouvrages entrepris.

» Le vide de ces carrières n'a que six pieds, et
» souvent moins ; de très-foibles piliers de masse, ou
» à bras, ont été réservés. Le ciel est composé d'un
» banc peu épais, fracturé, et tellement défectueux,
» qu'il ne se trouveroit presque aucun endroit suffi-
» samment solide, sans les ouvrages qu'on y a déjà
» faits. Une grande étendue de ce chemin n'étant pas
» connue, les soins de l'administration y sont portés,
» et le travail se dirige de manière à joindre les gale-
» ries, ce que nous pensons être indispensable. »

Chemins de Charenton et de Conflans.

Ces chemins avoient été excavés ainsi que presque tous ceux qui sortent de Paris, malgré les lois qui défendent d'en approcher les fouilles de plus près que de trente-deux toises (1). Le système de travail, employé sous les autres chemins, a été suivi pour réparer ceux-ci.

Le rapport des commissaires fera connoître l'état de danger où étoient ces chemins, et la nécessité d'y porter remède.

---

(1) Arrêt du conseil, du 14 mars 1741.

Extrait du rapport des commissaires, du 15 mars 1780.

CHEMIN DE CONFLANS.

. . . .

« Nous avons trouvé une vaste étendue d'exploita-
» tion. Les piliers de masse sont très-forts, mais trop
» rares dans ces carrières, dont la hauteur est pres-
» que par-tout de dix à quinze pieds, en sorte que les
» ciels, quoique formés d'un ou de plusieurs bancs
» assez solides, se sont fracturés, et leur rupture a
» donné lieu à beaucoup de *cloches*, et à de fréquens
» *fontis* très-étendus qui ont bouleversé, en plu-
» sieurs endroits, la surface du sol. La sûreté de ce
» chemin est essentielle. M. Guillaumot a dirigé les
» recherches sous son cours, et trouvant par-tout
» des obstacles par les remblais et les bourrages que
» les exploitans ont originairement faits, ou par les
» *fontis* survenus depuis, il a fait percer des sentiers
» et galeries, et former, en avançant, différens pi-
» liers, et même des parties de murs continus, le
» tout à pierre sèche, avec une dépense médiocre,
» mais suffisante. Des quartiers de pierres et des moel-
» lons y sont employés. La masse de ces piliers est
» proportionnée à l'étendue et à la nature du ciel
» qu'ils doivent soutenir. »

Chemin de Charenton.

« L'exploitation de cette partie est de même nature
» à peu près que celle du chemin de Conflans, dont
» elle est la suite. Un ciel assez solide, des piliers de

» masse de grande force, mais également rares, ont
» occasionné des *cloches* ou *fontis* très-fréquens. Plu-
» sieurs ouvrages et piliers à bras ont été construits
» par les ordres et aux frais de M. de Bercy, ancien-
» nement et à différens temps. Ces ouvrages, en annon-
» çant le zèle de ce seigneur pour la sûreté publique
» dans l'étendue de sa censive, ne remplissent pas
» tout à fait leur objet, en ce que la plupart, dans les
» endroits les plus nécessaires, bornent d'assez gran-
» des masses, dont le pourtour seulement est cons-
» truit à pierres sèches, mais l'intérieur est rempli
» de terre; ainsi, ne pouvant compter sur ces premiers
» ouvrages, dont quelques uns se sont déjà détruits
» par le poids des terres supérieures, nous nous som-
» mes convaincus de la nécessité de pourvoir par des
» moyens plus sûrs à l'inconvénient des *fontis* fréquens,
» à l'altération et souchèvement d'un grand nombre
» de piliers de masse, augmentés encore en quelques
» endroits par des doubles carrières; quelques par-
» ties de ces exploitations s'étendent sous le grand
» chemin et la croix, à l'entrée du village de Cha-
» renton. Des *fontis* marquent l'étendue que l'excava-
» tion occupe; mais plusieurs de ces *fontis* étant sous
» le chemin, mettent en risque la voie publique, et
» présentent la nécessité urgente de diriger ces travaux
» en conséquence, et même d'en augmenter l'activité,
» pour établir les piliers de construction, que nous
» estimons qu'on peut continuer à pierres sèches, avec
» les matériaux que le lieu fournit, et faire les rem-
» blais nécessaires pour assurer la voie publique, à
» mesure qu'on poursuivra la recherche des excava-
» tions qui se trouvent au dessous. »

Le défaut de fonds a fait suspendre ces deux ateliers depuis plusieurs années, mais il est indispensable et instant de les remettre en activité.

Carrières de Saint-Maur.

La grande rue s'est trouvée excavée, ainsi que le chemin qui descend au pont, et plusieurs autres parties de cette commune. La plaine qui l'entoure est criblée de *fontis* et de *cloches*, et est dans le plus mauvais état. Les réparations ont été commencées sous la grande rue et sous le chemin du pont ; mais depuis plusieurs années, le défaut de fonds a fait suspendre cet atelier, qui demande cependant toute l'attention du Gouvernement.

Lorsque les commissaires firent la visite de ce canton, peu de plans étoient levés. Voici le compte qu'ils en ont rendu.

Extrait du rapport des commissaires, du 20 avril 1780.

« Nous avons été conduits sur la partie de plaine
» entre le bourg et la rivière, du côté du midi. La
» surface de cette plaine annonce qu'il est déjà survenu
» différens *fontis*. . . . .
» . . . .
» Les plans qui ont été faits d'une partie des carrières
» de cette plaine, et qui sont de la même exactitude
» que ceux que nous avons déjà vus, nous ont fait
» connoître que cette exploitation, suivie depuis long-
» temps avec lenteur et négligence, a été portée par
» différens rayons sous le chemin. . . . . . .

» Cette carrière, et beaucoup d'autres qui existent
» sous cette plaine, n'ont pu être visitées que par
» portions de petite étendue, parce que les *fontis* ou
» *cloches* en bouchent les communications, et qu'il
» n'a été fait jusqu'à présent aucun ouvrage pour dé-
» gager ces obstacles; mais si on peut en juger par ce
» que nous avons pu voir, toutes ces exploitations sont
» vicieuses, les piliers de masse peu fréquens, sans
» aucun autre ouvrage pour y suppléer; de sorte qu'on
» peut assurer que par ce travail indiscret, où il
» semble qu'aucune inspection n'a été portée, les car-
» riers ont mis non seulement cette partie de plaine
» en danger, mais encore le chemin dont nous venons
» de parler, et quelques parties de possessions de
» plusieurs particuliers. . . . .
» . . . .
» Conduits ensuite dans une autre partie de carrière
» sous la grande rue, formant le chemin unique de
» Paris au château, et l'entrée principale du bourg,
» cette partie a été reconnue dangereuse, au moyen
» des plans qui en ont été levés, les excavations s'éten-
» dant sous les chemins et sous les maisons. »

On voit par cet exposé combien ce canton a besoin d'être réparé. Il a été fait à la vérité beaucoup de travaux depuis le temps de ce rapport, sous la grande rue et sous la descente au pont; mais il s'en faut de beaucoup qu'on ait pu remédier à tous les dangers.

CARRIÈRES A PLATRE.

Événemens de Mesnil-Montant.

Les carrières à plâtre de Montmartre, Belleville, Mesnil-Montant, etc. s'exploitoient depuis long-temps par *cavage*, c'est-à-dire, par des bouches qui conduisoient sous terre à d'assez grandes profondeurs. La difficulté et la dépense qu'auroit occasionnées un déblai de quarante, cinquante et jusqu'à quatre-vingts pieds de terres, qui recouvrent la masse de plâtre existante au dessous, avoient donné lieu à cette méthode, qui étoit sujette à mille inconvéniens.

Lorsqu'on étoit parvenu à cette masse, au moyen d'une galerie qu'on dirigeoit de manière à rencontrer le haut, on laissoit une épaisseur de trois à quatre pieds pour servir de ciel, et l'on s'enfonçoit dans la masse, tant horizontalement que verticalement, en élargissant par le bas et en formant une espèce d'arc gothique. Le ciel étoit soutenu par quelques traverses de bois, qui, exposées alternativement à l'humidité et à la sécheresse, se détachoient souvent, et, en tombant, écrasoient les ouvriers. Les bois qui résistoient à cette alternative, pourrissoient, et ne servoient plus de soutien au ciel, qui se détachoit peu à peu et tomboit par morceaux. Les marnes qui le recouvroient le suivoient. Il se formoit d'abord une *cloche*, et enfin un *fontis*, qui, en perçant à la superficie, engloutissoit tout ce qui se trouvoit au dessus. L'obscurité, la profondeur du lieu, tout favorisoit les carriers pour pousser leurs fouilles sous les terres de leurs voisins, dont ils envahissoient la propriété, en mettant leur vie dans le plus grand danger.

Une carrière de ce genre s'exploitoit vers le haut du chemin de Mesnil-Montant, et presque au bord du pavé. Différens *fontis*, percés avant la formation de la commission des carrières, avoient causé de justes alarmes. Un nouveau *fontis* perça au mois de juin 1777. Le bureau des finances qui avoit la police des chemins, et qui, par suite, avoit une attribution sur le fait des carrières qui les avoisinent, en prit connoissance, et ordonna une décharge de gravois pour combler celles de Mesnil-Montant. Ce lieu est trop loin de la ville pour que la décharge pût opérer promptement le comblement d'une carrière dont le vide contenoit près de trois arpens de superficie, sur cinquante-cinq à soixante pieds de hauteur. Tandis qu'on s'en occupoit, il se formoit de nouvelles *cloches*, et notamment sous le chemin qui conduisoit du pavé au trou par lequel on jetoit les gravois. Enfin, le 27 juillet 1778, sept personnes attirées à la promenade par le beau temps, se croyant en sûreté sur ce chemin de décharge, furent englouties dans un nouveau *fontis* qui s'ouvrit sous leurs pieds. Cet événement, qui mit en deuil trois familles, jeta l'effroi dans tout Paris. Les ouvriers de tous les ateliers accoururent dans l'espoir de retirer encore vivantes ces malheureuses victimes; mais, après dix à douze heures de travail, on conçut l'inutilité d'une pareille entreprise. Un procès, qui s'étoit élevé entre l'ancien propriétaire de cette carrière et un nouvel acquéreur, venoit d'être porté au parlement, qui, voulant sévir contre cette vicieuse exploitation, désira qu'on pût retrouver les cadavres. Je reçus en conséquence ordre de travailler à leur recherche. A l'inspection de la carrière, je fus convaincu qu'ils étoient à une grande profondeur ; je pris donc des précautions contre les éboulis des terres, pour ne point exposer la vie des ouvriers dans un déblai aussi considérable. On établit à cet effet une cage de charpente, au moyen de laquelle les ouvriers parvinrent à plus de quatre-vingts pieds de profondeur, sans courir le moindre risque. La première des malheureuses victimes de cette vicieuse méthode d'exploitation, fut trouvée le sixième jour, à plus de cinquante pieds de profondeur, et la septième et dernière fut retirée à plus de quatre-vingts pieds, le 20 août, vingt-cinq jours après l'événement affreux qui les avoit fait périr.

Cette catastrophe détermina la déclaration du 29 janvier 1779, qui proscrit l'exploitation des carrières à plâtre par *cavage*, et ordonne qu'elles seront désormais exploitées à découvert et à tranchée ouverte. En même temps il fut ordonné que les carrières, exploitées jusqu'alors par *cavage*, seroient comblées par le renversement des piliers. On commença par celle de Mesnil-Montant, qui avoit occasionné la loi. Il fallut d'abord s'essayer, et tâter, pour ainsi dire, l'effet de ces mines d'un nouveau genre, où il ne s'agissoit pas seulement de renverser les piliers, pour provoquer la chute des ciels et de la masse de terre qui les recouvroit, il falloit encore s'assurer du parfait comblement ou vide de la carrière, et diriger le feu de manière que le fond fût comblé avant l'entrée, afin que rien ne pût intercepter l'explosion, et que si quelque chose manquoit, on pût revenir à la charge.

Les expériences justifièrent la prudence des premières tentatives, qui se firent partiellement; mais lorsqu'on se fut familiarisé avec les procédés, on tenta des opérations en grand. Les commissaires furent appelés le 20 mars et le 23 mai 1780, aux deux plus considérables, et voici le compte qu'ils en rendirent.

Extrait du rapport des commissaires, du **20** *mars* 1780.

« Il a été fait un nouvel examen des plans très-
» nombreux rédigés sous la conduite de M. Guillau-
» mot, lesquels comprennent non seulement tout ce
» que nous avons pu voir et visiter des carrières, mais
» encore un grand nombre d'endroits également essen-
» tiels, où nous nous proposons de porter successi-
» vement notre attention. Ces plans représentent avec
» exactitude l'état de la surface des rues, chemins
» et quartiers de l'intérieur de Paris, et partie des
» plaines où les carrières ont été reconnues; les ou-
» vrages qui ont été faits pour en établir la sûreté,
» en ce qu'il a été jusqu'à présent possible, et les
» moyens de reconnoître et constater ce qu'il peut
» être convenable de faire avec prudence et économie,
» pour se conformer aux vues du Gouvernement. Ces
» plans présentent aussi, avec la même clarté, l'état
» des carrières à plâtre, situées au nord de Paris,
» dont plusieurs ont déjà été détruites par le travail
» et l'effet des mines, qui paroît être le meilleur et
» pour ainsi dire le seul moyen d'éviter les dangers
» occasionnés par leur exploitation extraordinairement
» élevée, et la hauteur des terres qui se trouvent au

» dessus ; les cloches et les fontis sont par cette raison extrêmement dangereux, et quelquefois très-funestes.

» Nous avons porté une attention particulière au plan de celle en tête de la butte de Chaumont, près Belleville, dont vingt-quatre piliers ont été minés, en y pratiquant deux cents chambres, dans lesquelles ont été distribuées environ deux mille six cents livres de poudre; ces chambres communiquant par différens conduits pour produire leur effet.

» . . . .

» Nous en avons parcouru l'intérieur, et reconnu l'étendue considérable de son excavation, portée presque par-tout à cinquante ou soixante pieds, la hauteur des masses au dessus étant de soixante à quatre-vingts pieds. Les dangers qui y existent se présentent par-tout dans cette vaste carrière.

» Ces dangers, et les événemens auxquels ils ont donné lieu, ont porté l'administration à ordonner la destruction de plusieurs. L'opération que nous décrivons est une suite de cette résolution.

» Après avoir vu toutes les dispositions prises pour l'effet de ces mines. . . . .

» . . . .

» Nous avons été placés sur une éminence hors et proche de l'enceinte marquée par des piquets, jusqu'où pouvoit s'étendre l'effet des mines. Le signal a été donné pour y porter le feu; nous avons entendu leur explosion successive, dont la totalité s'est opérée en moins de deux minutes. Les parties au fond de la carrière près desquelles nous étions, ayant été les plus chargées, nous ont fait éprouver des commo-

» tions, et aussitôt la surface du terrain s'est affaissée
» par le comblement et la chute de cette masse pro-
» digieuse de terre dans la carrière ; plusieurs parties
» sont restées en éminence ; les bords de l'escarpe-
» ment se sont entr'ouverts, et ont annoncé une suc-
» cession de chutes et éboulis, qui doivent durer
» plusieurs jours. . . . .
» . . . . »

Extrait du rapport des commissaires, du 23 mai 1780.

« Nous nous sommes transportés à la butte de Chau-
» mont, près de Belleville, dans une vaste carrière à
» plâtre, exploitée par cavage. . . . .
» . . . .

» Nous en avons parcouru l'intérieur, et reconnu
» l'étendue considérable de l'exploitation, portée
» comme celle dont nous avons rendu compte dans
» notre rapport du 20 mars, à cinquante et soixante
» pieds de hauteur, sous une masse de terre de soixante-
» dix à quatre-vingts pieds. Les dangers s'y présen-
» tant par-tout, ont déterminé l'administration à en
» ordonner la destruction.

» Trente piliers de masse soutenant le ciel de cette
» carrière, dont la superficie est d'environ cinq ar-
» pens, ont été affoiblis, et ensuite percés d'environ
» deux cent cinquante trous de mine, chargés de car-
» touches, contenant au total 3000 livres de poudre à
» canon. . . . .
» . . . .

» Le signal a été donné pour porter le feu aux

» mèches ; nous avons entendu l'explosion successive » de toutes les mines, dont la totalité s'est opérée » dans environ deux minutes et demie, et aussitôt la » surface du terrain s'est affaissée par le comblement » de la chute de cette masse prodigieuse de terre dans » la carrière ; l'extrémité du vide de ce cavage ayant » été marquée à la superficie par des piquets à plomb » de la masse restante, il a été reconnu que tous ces » piquets sont tombés avec les terres de cette super- » ficie, de manière à justifier l'exactitude des opéra- » tions de l'ingénieur-géographe. L'affaissement de » cette superficie s'est fait de manière à ne laisser » aucun doute sur le parfait comblement du vide de » cette carrière. »

Tel étoit à peu près l'état des carrières connues, et des travaux commencés vers le milieu de 1782. Les galeries des recherches, percées depuis cette époque, ont fait connoître des excavations autant, et plus dangereuses, sous les terrains des ci-devant *Chartreux*, sous les rues *Cassette*, *Pot-de-Fer*, *Vaugirard* et *Notre-Dame-des-Champs ;* sous quelques parties du jardin du *Luxembourg*, sous les rues des *Vieilles-Tuileries*, du *Regard*, de *Tournon*, de *Condé*, du *Théâtre-Français*, de l'*Arbalète*, des *Postes* et de l'*Oursine*, et sous presque toutes les carrières des nouvelles clôtures de Paris. Il en a été trouvé de très-considérables sous les rues de *Chaillot*, *Passy* et *Saint-Cloud*, et aux abords de *Saint-Germain* et de *Poissy;* d'autres, derrière la manufacture de porcelaine à *Sèvres;* enfin, des cavages immenses de carrières à plâtre dans les environs de *Montmartre*, *Pantin*, *Charonne*, *Bagnolet*, *Châtillon*, *Bagneux*, *Fontenay-*

aux-Roses, *Fontenay-sous-Vincennes*, *Triel*, et sous la grande route de *Grisy*, au delà de *Pontoise*.

On a commencé dans celles à pierres les réparations d'après le système approuvé, et une partie de celles à plâtre exploitées en cavage, ont été détruites par la mine. Malheureusement les abus de la liberté en ont fait former de nouveaux, dont la destruction est indispensable; et les économies nécessitées par les circonstances, ont forcé l'administration à suspendre plusieurs ateliers qu'il est de la plus grande importance de remettre promptement en activité. Malgré les réparations considérables qui ont déjà été faites, il en reste encore de plus considérables à faire, et tout le mal n'est pas connu. La prudence ne permet pas de laisser subsister des dangers invisibles, mais dont l'existence se préjuge par des indices que l'expérience a toujours reconnus pour infaillibles.

Tous ces travaux ne se sont pas faits sans beaucoup de risques pour la vie des artistes qui les conduisoient, et des ouvriers qui les exécutoient : plusieurs de ces derniers ont été tués, un grand nombre blessés et estropiés; et l'on peut dire que, dans les premières années, aller aux carrières, c'étoit aller à la tranchée (1). Bien des nuits ont été passées pour empêcher,

---

(1) L'avant-dernier entrepreneur de ces travaux, M. Charpentier, a été tué en messidor an 6, dans une carrière à Charenton; un commis, le sieur Barthélemy, a été tué l'année dernière à l'atelier de la barrière du Maine; M. Henry, l'un des Inspecteurs, et M. Bellet, qui a succédé dans cette entreprise à M. Charpentier, sont aussi morts, l'année dernière, des suites de maux de poitrine gagnés dans le méphitisme de l'air qu'on respire dans ces sou-

par un travail forcé, le percement spontané de *cloches* formidables sous plusieurs rues très-passagères.

Le mal des carrières est celui de plusieurs siècles ; il ne peut donc pas être réparé dans un petit nombre d'années. Ni moi, ni mes coopérateurs n'en verrons la fin. D'autres auront cet avantage ; mais j'ai lieu de croire que nous leur avons frayé la route, et qu'ils n'auront rien d'essentiel à changer au système que j'ai adopté. Divers motifs ont fait charger, à différens temps, de la conduite et direction d'une grande partie de ces travaux, MM. *Demoustier*, ingénieur en chef des ponts et chaussées, *Duchemin*, inspecteur-général du pavé de Paris, et *Bralle*, ingénieur hydraulique ; et ces artistes distingués n'ont rien trouvé à changer à ce système, à l'exécution duquel ont si bien concouru MM. *le Bossû*, chargé de la conduite et inspection des constructions en maçonnerie ; *Vandermarq*, chargé spécialement de celle des ouvrages de terrassemens, pour la réparation des *cloches* et *fontis*, et des dispositions relatives à la destruction par la mine, des anciennes carrières à plâtre exploitées par *cavage* ; *Husset*, ingénieur en chef pour la levée des plans, indications des points et directions pour l'établissement des constructions, et pour celles des percemens de galeries ; et *Caly*, son aide et digne second pour les

---

terrains. Moi-même enfin, je relève d'une pareille maladie qui m'a tenu pendant une année entière au bord du tombeau, et dont les suites m'y entraîneront infailliblement, avant le moment où j'y serois descendu, sans ce dangereux travail ; mais du moins je mourrai avec la consolation d'avoir prévenu de bien plus grands malheurs que celui-là, par ma surveillance, et celle de mes coopérateurs.

mêmes opérations. Sans leur zèle, leur constance, leur infatigable activité, et leur courage dans les dangers auxquels ils ont été exposés en différens temps, et qui se renouvellent encore souvent, je n'aurois pu empêcher les événemens les plus désastreux, et je remplis ici, avec plaisir, un véritable devoir, en les associant au succès de ces travaux, auquel ils ont tant contribué, par des peines et des fatigues incroyables.

Enfin, quand tout sera réparé, et il ne faut pas se dissimuler que ce ne sera pas de long-temps, il faudra encore entretenir à perpétuité en bon état les ouvrages faits, lesquels, comme tout travail de mains d'hommes, seront sujets à dégradation, et il faudra aussi entretenir une surveillance également perpétuelle sur les exploitations actuelles et futures, afin de prévenir le renouvellement de ce mal. Sans doute il n'en coûtera pas autant pour cet entretien et cette surveillance, que pour les constructions et réparations actuelles; mais il faut regarder une dépense quelconque pour les travaux des carrières, comme une charge aussi constante, aussi durable que celle de l'entretien des routes, des ponts, et des monumens publics; c'est-à-dire tant que le sol sur lequel se trouvent ces routes, ces ponts, et ces monumens sera habité.

Ce qu'il est essentiel de savoir pour la tranquillité des habitans de Paris et des environs, c'est que cette surveillance existe; que le Gouvernement a assigné un fonds pour soutenir l'activité des travaux, et arrêter les progrès de tous les dangers qui peuvent se manifester inopinément, et qu'il connoît trop l'importance de cette surveillance continuelle, pour la perdre de vue un seul instant.

FIN.

www.ingramcontent.com/pod-product-compliance
Lightning Source LLC
LaVergne TN
LVHW010007230826
846092LV00002B/689

* 9 7 8 2 3 2 9 3 8 8 8 0 9 *